AF371210

ORDONNANCE
DV ROY NOSTRE SIRE
AV FAICT DE LA
MONNOYE.

A ANVERS,

Chez Hierofme Verduffen, Imprimeur juré des
monnoyes de Sa Majefté. 1628.

Auec Grace & Priuilege.

**P**HILIPPE par la grâce de Dieu,
Roy de Caſtille, de Leon, d'Arra-
gon, des deux Sicilles, de Hieruſa-
lem, de Portugal, de Nauarre, de
Grenade, de Tolede, de Valence,
de Galice, des Maillorques, de Se-
uille, de Sardaigne, de Cordube, de Corſicque, de
Murcie, de Iaen, des Algarbes, d'Algezire, de Gibral-
tar, des Iſles de Canarie, & des Indes, tant Orienta-
les que Occidentales, des Iſles & terre ferme de la
mer Occeane, Archiduc d'Auſtriche, Duc de Bour-
goigne, de Lothier, de Brabant, de Lembourg, de
Luxembourg, de Gueldres, & de Milan, Comte
de Habsbourg, de Flandres, d'Arthois, de Bour-
goigne Palatin, de Thirol, de Hainnau, de Hollan-
de, de Zeelande, de Namur, & de Zutphen, Prince
de Zvuaue, Marquis du ſainct empire de Rome,
Seigneur du Frize, de Salins, de Malines, des Cité,
Villes & pays d'Vtrecht, d Oueryſſel & de Groenin-
ge, & Dominateur en Aſie & en Affrique. A tous
ceulx, qui ces preſentes verront ſalut. Nous auons
au mois de Mars ſeize cent vingt & ſept, pour leuer
toute occaſion de ſurpriſe, declaré faulſes certaines
monnoyes, forgées à l'enuiron de noz pays obeiſſans de pardeça, & apres vne penible recerche, faict
imprimer les figures des eſpeces, tant permiſes, que
non eualuées, par noz placcars de la monnoye, eſti-

A 2   mans

mans que le dereglement d'icelle , procedoit plu-
ftoft de l'ignoráce,que de la malice d'aucuns de nos
fubieƈtz,& habitans d'iceux nos pays. Mais la faulfe
monnoye & le billon,s'y eftans depuis gliffé en plus
grande abondance, & le cours des efpeces permifes,
au lieu d'eftre reglé par nos ordonnances, ayant
efté à l'arbitrage d'aucuns marchans grofsiers en ce
fauorifez de la negligence, & difsimulation des Officiers & Magiftrats des lieux de leur demeure, c'eft
à regret que nous auons en fin recogneu que leur
mauuaife inclination auoit gaignée, fur la crainƈte
des peines ftatuées par nofdiƈtes ordonnances, en
ce mefmes, que refufans donner de l'ouurage à des
pauures gens en leur necefsité, ou d'achepter leurs
manufaƈtures,s'ils ne receuoyent la monnoye felon
leur defir dereglè, iceux marchans grofsiers ont ob-
ligé les vns, de penfer à leur indemnité, & incité les
autres par exemple, à faire le mefme, & en fin ren-
dües les contrauentions fi journalieres aux mar-
chez & autres lieux publicques, qu'il ne fembloit y
auoir plus aucun excez. Scavoir Faisons, que
defirans remedier à tels defordres, par les confide-
rations contenües en nos Placcars precedens ; oys
au preallable nos Maiftres generaux des monnoyes
auons de l aduis de nos trefchiers & Feaulx les Gens
de nos Confeils d'Eftat, Priué & des Finances, à la
deliberation de noftre trefchiere & trefamèe bonne
Tan-

Tante Madame Iſabel Clara Eugenia par la grace
de Dieu Infante d'Eſpagne &c.declaré & declarons:

I.

Premierement que toute la monnoye non eua-
luée par noſtre ordonnance de l'an ſeize cent vingt
& ſept, demeurera defenduë ſelon la liſte en eſtant,
& le cours des eſpeces permiſes reglé au poids,tiltre,
& prix y declarez , & aux peines contenües en ce
Placcart, & autres precedens de la monnoye, leſ-
quels entendons retenir leur force, en tant qu'il ne
ſe trouuera y eſtre derogué par ceſtuy cy, ny ſucceſ-
ſiuement, l'vn par l'autre.

II.

Et d'autant que la ſeuerité , & execution preciſe
des loix retient les inclinations mauuaiſes des hom-
mes, l'experience ayant monſtrée, que les faulx
monnoyeurs ſe ſont plus librement relaſchez dans
ce crime, pour ce que depuis quelques années ença,
l'on n'a practiqué à la rigeur, les peines contre eux
ſtatuées par les anciennes ordonnances, nous vou-
lons & commandons, que tels delinquans ſoyent à
l'aduenir executez par le chaudron, en eau & huyle
bouillans.

III.

Auquel effect,auons declaré,& declarõs eſtre auſsi
faulx monnoyeurs,tant ceulx qui auront contrefai-
ctes aucunes eſpeces en la forme declarée par ledict

A 3   Plac-

Placcart de l'an 1627. Que les rongeurs , & autres qui les auront teintes, lauées d'eau forte, iectées en fable, ou diminuées , par ciment ou en autre maniere , fuiuant l'article dixfeptiefme de l'ordonnance de la monnoye de l'an 1612 .

I V.

Toutesfois ladicte peine de chaudron , n' aura lieu contre ceux, lefquels n'eftans complices auront efchillé fciemment de la faufe monnoye, nous contentans qu'ils foient puniz ; en conformité dudict dixfeptiefme article, & feront tenuz pour complices , ceux qui auront de l'intelligence auec les faux monnoyeurs , & les ayderont à diftribuer ou faire diftribuer ladicte faulfe monnoye.

V.

Pour animer vn chacun à la recerche defdicts favlx monnoyeurs, auons promis & promettons à celuy, qui premier les denonçerà, ferà apprehender, & conuaincre, la fomme de mille florins vne fois, pardeffus autre fomme de cincq cent florins, à prendre fur leurs biens , aduenant qu'ils en reftent, apres furniffement des fraiz & mifes de Iuftice.

V I.

Ceux qui auront cognoiffance defdicts excez & delinquans, fans les denonçer, en feront leur propre crime, & comme tels feront puniz arbitrairement, par banniffement, confifcation des biens, ou

autre

aûtre peine plus griefue, ou moindre selon les cir-
constances du fait.

VII.

Pource que nous sommes aduertiz que lesdicts
desordres procedent en partie, de ce qu'aucunes per-
sonnes trafiquans du billon, au lieu de l'enuoyer
en nos monnoyes, comme ils sont obligez, les font
couler soubs main, entre les habitans de nosdicts
pays, les remplissans par telles sinistres practiques,
de mauuaise monnoye, au lieu de la bonne qu'ils en
tirent, pour l'employer de rechef, en achapt d'autre billon, qu'ils font venir des pays estrangers, nous
auons tresserieusement commandé, & commandons à tous nos Conseils & Officiers, de faire pun-
ctuellement obseruer, pour le regard de l'entrée dudict billon, les formalitez prescrites par nostredicte
ordonnance de l'an 1627. sans en dispenser en façon
que ce soit.

VIII.

Ordonnans que ceux qui sans auoir obseruées
lesdictes solemnitez, l'auront fait entrer en quantité
& distribué, ou fait couler dans nosdicts pays, ou
l'auoir gardé huict jours en leurs maisons sans l'enuoyer à la monnoye, seront puniz comme larrons
publicques.

IX.

Laquelle forme de chastoy serà aussi obseruée

au

au regard des billonneurs , ou ceux qui font profeſſion, ou couſtume de trafiquer des eſpeces , & les changent à plus hault prix, qu'elles ne ſont eualuées donans en lieu d'icelles de la petitte monnoye, pour en faire payement aux autres , qui ne veulent exceder les termes de noz ordonnances.

X.

Pour precauer que le billon ne ſoit ſecretement diſtribué , ny enuoyé es autres monnoyes que les noſtres, auons interdict , & interdiſons abſoluëment le tranſport , hors de noſdictz pays , à peine de confiſcation & du quadruple, & d'autre arbitraire , ſelon l'exigence du cas.

X I.

Laquelle peine, entendons auſſi auoir lieu , contre ceux qui enuoyeront es monoyes eſtrangeres, de l'argent eualué par noſtre placcart , ores qu'ilz ne fuſſent conuaincuz d'auoir par ce moyen traficqué du billon , ny le diſtribué ou voulu faire diſtribuer en noz pays.

X I I.

Et ceux qui auront cognoiſſance des perſonnes faiſans entrer & diſtribuer ledict billon ſans les denonçer, ſeront auſſi puniz arbitrairement par banniſſement , confiſcation des biens , ou autre peine plus griefue ou moindre, ſelon les circonſtances du faict; & pour eſueiller les denunciateurs en ceſt endroict,

droict, leur auons accordé & accordons la moictié
dudict billon & quadruple, advenant que ce qui
excede le tiers ordinaire ne paſſe les mille florins
vne fois.

XIII.

Encores que par nos ordonnances precedentes
ſoient ſtatuées des peines aſſez rigoreuſes, à la
charge des marchans, & facteurs groſsiers, refuſans
d'employer les pauures artiſans, & gens de meſtier,
ou d'achepter leurs ouurages & manufactures, ou
les leur rendans apres l'achapt, s'ilz ne recoiuent l'or
& l'argét à tel prix, & en telles eſpeces qu'ilz les leur
veulent donner : toutesfois eſtans informéz, que ce
nonobſtant leſdicts deſordres prennent en bonne
partie leur ſource, de telles practiques, auons or-
donné & ordonnons que leſdicts marchans, ou
facteurs groſsiers ſeront puniz de banniſſement per-
petuel de tous noſdicts pays, & de confiſcation des
biens, ou d'amende equiualente, es lieux ou el-
le n'eſchiet, accordans pareillement la moictié aux
denonciateurs ſi ce qui excede le tiers ordinaire ne
paſſe les mille florins.

XIV.

Mais comme ce n'eſt rien des loix ſans eſtre ob-
-ſeruées, & rigoreuſement executées par les Officiers
& Magiſtratz la charge des côtrauenans, les defauts
en ce recognuz par les contrauentions journalieres

B

&

monnoye, la forme preſcrite par les 17. 18. & 19.
articles de ladicte ordonnance de l'an 1549. leur in-
terdiſans d'vſer d'aucune moderation des peines,
ny de compenſation des deſpens, au preiudice de
l'Officier fondé en principal, & aux Fiſcaux de paſ-
ſer hoſtage contraire, ſans aduertir ceux de noſtre
Conſeil Priué des difficultez, qu'ils y auront ren-
contrées, & ſeront leſdicts proces depeſchez en preference d'autres.

X X.

Pour ce que les cauſes de la longueur des Proces,
& de la non obſeruance des Placcars, ſont le plus
ſouuent par l'Officier & le Magiſtrat rejectées l'vn
ſur l'autre, nous entendons, que faiſans apparoir de
leurs debuoirs, aux termes portez par nos ordonnances, ils enuoient de commune main, ou l'vn ſeul
au refus de l'autre, abregé pertinent des verbaulx,
ou actes des procedures tenuës ſur contrauention
de la monnoye.

X X I.

Et apparoiſſant par leſdicts verbaulx ou autre-
ment à l'exigence de droict, que leſdicts Officiers,
ou Iuges n'ayent faict leur debuoir, par conniuence,
diſſimulation, ou negligence, nous declarons leurs
offices impetrables, & en accordons la preference
aux denonciateurs, qui les en feront conuaincre,
pourueu qu'ils ſoient par nous trouuez à ce idoi-
nes.
                                        X X I I.

XXII.

Eſtans informez que par la conſideration du
haſard d'eſtre attrappez, & ſubir les peines ſtatuées par noſdicts Placcars de monnoye, plu-
ſieurs perſonnes ne font ſcrupule d'y contra-
uenir, nous auons declaré & declarons que
ce n'eſt pas noſtre intention, de par l'appoſition
deſdictes peines, ny par le danger d'y eſtre condem-
né, deſcharger nos ſuiectz, ny autres viuans ſoubs
nos loix, des obligations que, ceſſant icelle appoſition des peines, ils ont d'obeir à nos iuſtes com-
mandemens; ains les charger, & chaſtier dauantage
pour raiſon de telle deſobeiſſance.

XXIII.

Et à fin de faciliter à vn chacun la cognoiſſance
du contenu en nos Placcars precedens de la monnoye, nous en auons faict reimprimer, les princi-
paux, & derniers, en nombre de quatre, à ſcauoir des
1612. 1613. 1619. & 1622. & commandé quils
ſoyent cottez d'article en article, & republiez auec
la preſente.

Si mandons & commandons à nos Treſchiers
& Feaulx, les Chef Preſidens & gens de nos Priué &
Grand Conſeils, Chancellier & gens de noſtre Con
ſeil de Brabant, Gouuerneur de Lembourg, Fa ul-
quemont, Daelhem, & autres nos pays d'Oultre-

meu-

meuſe , Gouuerneur Preſident & gens de noſtre
Conſeil de Luxembourg Gouuerneur, Chancellier & gens de noſtre Conſeil de Gueldres , Pré-
ſident & gens de noſtre Conſeil de Flandres,
Gouuerneur Preſident & gens de noſtre Conſeil
d'Artois , Grand-bailly de Haynnau , & gens
de noſtre Conſeil ordinaire à Mons , Gouuerneur Preſident & gens de noſtre Conſeil à Namur , Gouuerneur de Lille , Douay & Or-
chies , Bailly de Tournay , & du Tournéſiz,
Preuoſt le Comte à Valenciennes , Eſcoutette
de Malines , & à tous autres nos Iuſticiers, Officiers & ſubiectz & ceux de nos Vaſſaux qui ce
regardera , leurs Lieutenans & chacun d'eulx
endroict ſoy , & ſi comme à luy appartiendrá,
que ceſte noſtre preſente Ordonnance ils publient
& façent publier par tout es lieux & limites de leurs
iuriſdictions reſpectiuement , où l'on eſt accou-
ſtumé faire criz & publications , & au ſurplus
la gardent , obſeruent & entretiennent , façent
garder, obſeruer, & entretenir en tous ſes poinctz
& articles , ſelon ſa forme & teneur, en procedant
& faiſant proceder contre les tranſ-greſſeurs & deſ-
obeiſſans, par l'execution des peines & amendes y
appoſées , ſans port , faueur ou diſſimulation.
Car ainſi nous plaiſt il. En teſmoing de ce nous
auons faict mettre noſtre Seel à ces preſentes.

Don-

Donné en noſtre Ville de Bruxelles le vingt-
troiſieſme de Iuing l'an de grace mil ſix cens vingt-
huiĉt, Et de nos Regnes le huiĉtieſme. Paraphé
Ma. Vt. ſur le reply eſtoit eſcript , *Par le Roy en
ſon Conſeil*, ſigné *Verreyken*, & eſtoit ladiĉte Ordonnance ſcellée au grand Seel de ſa Majeſté en cire
vermeille , pendant ſur double queüe de par-
chemin.